QUELQUES

RÉFLEXIONS

SUR LES CIRCONSTANCES

POLITIQUES

PRÉSENTES.

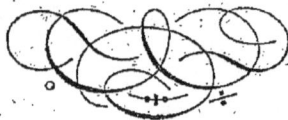

NANTES,

IMPRIMERIE BOURGINE, MASSEAUX ET COMP.,
Rue Notre-Dame, 5.

———

Avril 1849.

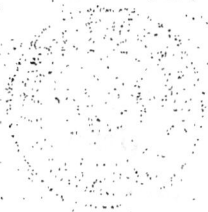

On a quelquefois vu à bord d'un vaisseau désemparé, que la tempête entraîne vers des écueils où sa perte sera inévitable, le commandant de ce vaisseau, après avoir consulté ses plus habiles officiers, ne pas dédaigner l'avis d'un simple matelot, et, à défaut d'idées nouvelles, se féliciter de trouver dans les idées de cet homme la confirmation de celles qu'il avait conçues lui-même pour le salut de son navire.

Encouragé par ce fait, dont la citation n'est point ici seulement une figure, mais un souvenir, quoique faisant partie de la foule, nous avons cru qu'il nous était permis d'émettre quelques pensées sur les maux qui nous affligent et sur les moyens d'y porter remède. L'architecte seul ne saurait bâtir l'édifice, il faut que beaucoup de bras lui apportent la pierre; nous apportons la nôtre : parmi des matériaux trop nombreux, il choisira les meilleurs.

Qu'on ne nous suppose point coupable d'une présomption qui n'est point en nous : circonscrit dans une sphère des plus étroites , nous avons la conscience de tout ce qui nous manque pour aborder des questions tant au-dessus des choses qui nous ont occupé jusqu'à présent. Nous avons été mu , en écrivant ces lignes , moins par le désir d'attirer l'attention et de donner un enseignement, que par la pensée qu'elles pourraient produire quelque bien, en ce qu'elles sont la répudiation entière de ces prédications dissolvantes, faites, disent leurs auteurs , dans l'intérêt de la classe ouvrière dont nous faisons partie , et de laquelle nous croyons être ici, en général, le plus fidèle interprète. Attribuer une autre destination à cet écrit , serait se méprendre sur le but et sur les intentions de l'auteur.

Monarchique ou Républicaine, une nation n'est que la réunion en société d'un certain nombre d'hommes participant, quoique dans une proportion inégale, à des intérêts mutuels, et tendant sans cesse au même but, le bonheur. Le gouvernement institué par cette nation, est le moyen qu'elle a choisi pour y parvenir, et, quelle que soit la forme de ce gouvernement, le gage le plus sûr de la réalisation de ce bonheur sera bien certainement dans la croyance religieuse et dans l'observance des préceptes qu'elle enseigne.

N'est-il pas reconnu que, pour assurer la prospérité de cette société, chacun de ses membres, s'inspirant d'un pur patriotisme, non de celui qui dans les temps anciens portait Rome à se ruer sur Carthage, mais de ce patriotisme qui n'est autre chose que l'amour du prochain prescrit par l'Evangile, devrait, éloignant de lui toute considération personnelle, diriger tous ses efforts vers l'intérêt général et en faire le seul mobile de toutes ses actions? Mais, dominé par l'instinct de sa propre conservation et de son bien-être, instinct que la nature, comme moyen de conservation de l'espèce, a mis au cœur de chacun des êtres qu'elle produit, comment l'homme, se dépouillant de cet égoïsme naturel, et atteignant à une telle sublimité de sentiment, deviendra-t-il susceptible d'une pareille abnégation ? Il faut bien le reconnaître, la philosophie seule est insuffisante à un pareil effet. La croyance religieuse seule peut développer en l'homme un semblable amour du bien public, et c'est par elle seule qu'il est donné à l'humanité de s'élever si fort au-dessus d'elle-même. C'est cette croyance qui, sous une République ou sous une Monarchie, enseignant au peuple ce qu'il doit de dévouement au gouvernement qui le régit, en même temps qu'elle enseigne aux chefs de l'Etat les devoirs que leur position élevée leur impose envers le peuple, fait naître entre les gouvernants et les gouvernés cette estime et cette affection réciproques, sans lesquelles il ne peut y avoir que malheurs pour tous.

Mais, s'il appartient à la religion d'inspirer les vertus privées qui concourent au bonheur d'une nation, c'est encore à son influence qu'il appartient d'apporter le remède aux maux qui semblent en présager la ruine. Dans un temps où, surgissant de toutes parts, des doctrines subversives de tout ordre social travaillent à pervertir l'esprit des classes ouvrières, à mettre en elles les plus mauvaises passions à la place de tout ce qui est juste et bon, ont fait fermenter dans les cœurs une irritation haineuse contre les classes qu'elles appellent privilégiées ; lorsque les publicistes de la démagogie, cédant à un orgueil immense et à une haine implacable contre toutes les supériorités sociales, nous montrent la réalisation menaçante et prochaine de ce qui, dans les temps les plus déplorables de la Révolution, n'avait pu paraître que le produit des hallucinations de quelques fous ; lorsque, érigeant en maximes la violence, le vol et la spoliation, de nombreux sacrificateurs s'offrent déjà pour cet immense holocauste offert à une population égarée ; quand l'impudeur et la démence ont été poussées au point de demander à l'Assemblée nationale l'érection, dans les écoles dela jeunesse, de chaires destinées à l'enseignement de l'athéisme ; pour le salut de la société menacée de dangers si grands, que l'histoire n'offre rien d'analogue, tous les législateurs doivent faire tendre leurs efforts à conserver la croyance religieuse et au maintien du Christianisme catholique, comme la digue la plus puissante à opposer à un pareil débordement. C'est là que, pour le présent, se trouve le lénitif qui pourra atténuer les maux de la société ; et que se trouve aussi l'espoir de la guérison. C'est par la religion, en effet, que les classes pauvres se persuadant de cette vérité, que l'inégalité des conditions est une conséquence inévitable de la société, sentiront que, dans toutes les positions de la vie, Dieu a voulu que l'on pût trouver quelque bien ; et que, dans l'espérance d'une compensation future, elles trouveront plus de résignation à supporter leurs maux ; et, c'est par elle encore, que ceux que la Providence a comblés des richesses et des biens qu'on envie, apprendront qu'ils ont été choisis par cette même Providence, moins pour en user à leur profit, que pour en être les dépositaires, et les dispenser à ceux qu'elle semblerait avoir oubliés ; et c'est alors que, chacun se réconciliant avec sa position, et cessant de porter envie à ceux qu'il croira mieux partagés, cette fraternité entre les hommes, que l'on a cru imposer par un décret gouvernemental, cessera d'être une illusion, pour devenir une réalité.

Avec la question religieuse vient naturellement se coordonner celle de l'enseignement public qui en est le corollaire ; ainsi que cette question de savoir s'il doit être livré à une liberté entière, ou s'il doit être soumis à quelque autre restriction de la part de l'Etat.

Il faut reconnaître que les écoles supérieures et spéciales du gouvernement, où sont perfectionnées les études des hautes sciences applicables à l'armée, à la marine, aux mines, à l'administration, aux travaux publics de toute sorte, doivent être maintenues sous sa seule autorité, car c'est à cette direction unique et à la réunion des plus illustres professeurs qui sont les sommités de la science, que la Nation est redevable de tant d'hommes qui, par leur mérite éminent, ont fait et font encore, dans les armes et dans toutes les carrières savantes, l'illustration de la France, et lui ont en quelque sorte assuré la supériorité intellectuelle.

On doit se complaire à reconnaître les droits que l'Université s'est acquis à la reconnaissance et à la considération nationales par les services qu'elle a rendus au pays, en formant dans ses établissements des élèves d'une instruction solide et véritable ; mais il serait injuste de lui concéder tous les droits à l'enseignement des langues mortes et vivantes, et à la propagation des diverses connaissances dont la réunion forme ce qu'on appelle Humanités. Ce droit exclusif accordé à l'Université serait attentatoire à la liberté proclamée pour tous; il serait préjudiciable aux droits d'un grand nombre de citoyens qui, par leur savoir et leur moralité, pourraient exercer dignement et avec succès le professorat; et, comme conséquence immédiate de cette liberté, il est de toute justice et indispensable aux besoins de notre époque, que le clergé, ce corps si recommandable par sa conduite évangélique et ses lumières, à qui nous sommes redevables de la transmission, à travers les siècles d'ignorance du moyen-âge, de la connaissance de l'antiquité, soit admis à contribuer à l'instruction de la jeunesse, dans l'esprit de laquelle il pourrait, plus que tout autre corps enseignant, inculquer les principes de moralité religieuse, qui, comme il a été dit déjà, sont les meilleurs garants du véritable patriotisme ; et, ne trouve-t-on pas, d'ailleurs, dans l'intérêt des familles, une autre raison aussi impérieuse et aussi péremptoire en faveur de cette admission, en ce que, par un prix moins élevé, elle rendrait l'instruction plus accessible aux familles pauvres ou peu aisées, ainsi que le font les Frères des Écoles Chrétiennes, qui ont mérité tant de reconnaissance de la classe pauvre, en donnant gratuitement à un si grand nombre d'enfants qui, sans eux, n'auraient jamais su lire, une instruction suffisante dans toutes les circonstances ordinaires de la vie?

Entre toutes les attaques que la fureur démagogique a dirigées contre toute organisation sociale, il en est une à distinguer, comme plus dangereuse et plus immorale par ses conséquences, c'est celle qu'elle a portée contre la propriété et le droit de posséder. Par une interprétation sacrilége de l'Evangile, les apôtres de ces coupables et monstrueuses doctrines n'ont pas craint d'en aller demander la sanction à ce même livre où, dans ces simples paroles du Christ : rendez à César ce qui est à César, ils en auraient trouvé la réfutation la plus absolue. Il semblerait oiseux, d'abord, de combattre de pareils sophismes et de défendre une vérité que toutes les nations ont jusqu'à présent acceptée comme un axiôme en économie politique. Néanmoins, comme ces théories, toutes fausses qu'elle sont, ne laissent pas d'influer sur certains esprits, et d'y faire naître la haine contre les riches, on ne peut se dispenser d'y répondre. Mais, sans répéter ici ce qui a été dit de juste et de positif à ce sujet, indépendamment des autres arguments que la religion pourrait fournir, on peut, sans paradoxe, affirmer que l'inégalité du partage des biens entre les hommes est un moyen providentiel employé par le Créateur, pour donner le mouvement et la vie à la société. Il est facile de rendre cette vérité toute intellectuelle plus sensible par une comparaison prise dans les faits matériels.

Pour donner de la fertilité par l'irrigation, à des terres arides, un ingénieur, chargé d'obtenir ce résultat, établissant un vaste réservoir à une certaine élévation, et de là faisant partir un certain nombre de canaux, qu'il subdiviserait ensuite en conduits plus petits, arriverait facilement par cette ramification, à donner à chacune des parties du sol la portion d'eau nécessaire à sa fertilisation; c'est, du reste, le moyen employé par Dieu même pour fertiliser notre terre. Les eaux de la mer, vaporisées par le soleil, se condensant au sommet des montagnes, et de là s'épandant sur la surface du globe, après avoir porté la fertilité sur tous les points de leur parcours, vont pour recommencer le même mouvement, rendre à l'Océan ce qu'il a perdu, et cet effet physique se reproduisant sans cesse, la terre ne cesse de prodiguer aux hommes ses dons et ses bienfaits. Au lieu de ce déplacement continuel des eaux, qu'on suppose que leur masse immobile soit également répartie sur la surface de la terre, au lieu de ces belles et riches moissons qu'elle nous donne, elle n'offrirait à nos yeux désolés que des marécages impurs et pestilentiels. C'est ainsi que les richesses, quoique inégalement réparties, aiguillon de l'intelligence,

stimulant du travail, source des jouissances acces-
soires de la vie, répandues par les mains de ceux
qui les possèdent, passent des classes intermé-
diaires aux classes inférieures, et vont porter
l'existence à tous les membres de la société ; tandis
que leur égale répartition, réclamée par une phi-
lantropie erronée, supprimerait toute cause de
rapports entre les hommes, et, décolorant la vie,
n'enfanterait que l'isolement, la barbarie et la
misère. Peut-on douter, du reste, que le maintien
de l'égalité de cette répartition serait aussi impossible que le partage préalable ?

On a beaucoup écrit, beaucoup parlé sur le travail et l'industrie : jusqu'à présent, ceux-là mêmes
qui, par le renversement de toutes les idées
reçues, avaient presque tari ces deux sources de
prospérité, s'égarant dans une métaphysique ma-
térielle, si l'on peut s'exprimer ainsi, n'ont pu,
pour les raviver, qu'élever des théories menson-
gères et inapplicables, sans s'approcher d'un pas
vers la solution de cette irritante question toute
pratique et toute positive. Dans des desseins coupables, pour dominer l'esprit d'une partie de la
population, on a inventé le *Droit au Travail.*
Cette proposition, dont l'application aurait été
aussi impossible pour leur auteur, qu'elle eût été
inutile à ceux appelés à en recueillir le fruit,
posée de bonne foi, ne pourrait émaner que d'un

esprit malade. Il est inutile de raisonner contre
l'absurde : il doit tomber de lui-même. On a
parlé d'organiser le travail : que le travail renaisse,
et de son existence seule surgira son organisation ;
que le travail renaisse, et les ouvriers, rendus à
l'exercice de leur profession spéciale et à la jouis-
sance d'un bien-être qui leur est étranger depuis
longtemps, se déroberont d'eux-mêmes aux dan-
gereuses suggestions des idéologues qui, par des
promesses ridicules et fallacieuses, les avaient
voués à l'inactivité et à la misère.

Mais, pour atteindre à ce but si désirable, il faut
que les législateurs stimulent sans cesse le gouvernement à employer tous ses moyens pour rouvrir
au commerce et à l'industrie les débouchés qui se
sont fermés et à en créer de nouveaux. Il faut que,
dans l'intérêt des ports, intérêt complexe, auquel
se rattachent tant d'autres intérêts divers, ils pro-
voquent la fixation, par des dispositions législa-
tives, de la juste indemnité due aux colons déposs-
sédés, indemnité qui, en facilitant leur acquitte-
ment avec la métropole et faisant renaître en leur
faveur une confiance impossible sans cela, les
mette à même, par des demandes fréquentes des
produits de nos fabriques, de concourir à ramener leur prospérité ; il faut encore que, par une
mesure que l'on pourrait d'abord regarder comme
arbitraire, mais qui perdrait bientôt cette appa-

rence, étant commandée et légitimée par le bien général, et basée sur un juste dédommagement, ils arrivent à obtenir la suppression de la sucrerie indigène, et la libre admission dans nos ports des sucres étrangers. Par ces mesures, et avec d'équitables traités commerciaux, on ouvrirait à l'industrie, au commerce et à la navigation de nombreux et nouveaux débouchés, et on rendrait à notre pavillon un nouvel et brillant essor.

Protéger l'agriculture, cette source première d'abondance et de richesses, de laquelle le commerce et la navigation reçoivent tant d'articles d'échange et de transport; aider, par de sages mesures, à tout le développement et à toute l'amélioration dont elle est susceptible; éclairer le cultivateur et l'attacher au sol par sa propre inclination, en lui faisant comprendre tout ce qu'il y a de digne et de respectable dans cette profession, que de sages nations ont de tout temps honorée comme la première de toutes; par là, mettre un terme à ce débordement incessant des populations des campagnes dans les villes, où, aux dépens de leur moralité, elles viennent chercher du travail dans les fabriques, et amoindrir des ressources déjà insuffisantes pour les populations urbaines; conserver à la culture des champs tant de bras robustes qu'elle réclame. Ces mesures, disons-nous, créatrices du bien-être matériel, réunies aux moyens offerts par la religion pour l'amendement de la société, seraient le plus sûr acheminement à ce bonheur, objet de tous nos vœux et seul but raisonnable de toute politique.

Après avoir rendu à la population ces causes de bien-être, pour lui en assurer le complément, il est indispensable que les législateurs portent toute leur attention à la formation du budget.

Cependant, dans la persuasion que l'économie n'est réelle qu'autant qu'elle est faite à propos, qu'elle consiste moins dans la suppression d'une dépense que dans l'emploi rationnel des ressources publiques; dans la crainte d'entraver aucun des services, les législateurs devront se tenir en garde contre quelques exemples fâcheux donnés par l'Assemblée nationale, et combattre des réductions inopportunes, telles que celle qui a été faite sur un impôt qui, bien qu'il fût des plus productifs, étant supporté par tous n'affectait gravement aucun intérêt particulier; ou telle encore que celle dont on a frappé l'allocation demandée pour les grands travaux publics, laquelle ne peut avoir pour résultat que de retirer à tant d'ouvriers inoccupés un palliatif à leurs misères, d'ajouter aux embarras de l'État et l'entraîner à une perte positive en rendant improductifs les capitaux engagés dans des travaux dont la suspension rendra la dégradation inévitable. Néanmoins, dans leur vive sollicitude pour les contribuables, si rudement pressurés dans ces derniers temps, ils devront veiller attentivement à la destination à donner aux fonds publics; et, à défaut de connaissances spéciales sur la matière, ils devront, pour ramener les finances à un état normal, exercer toute leur intelligence à s'éclairer lors des discussions soutenues par les hommes pratiques, avant de se fixer sur l'adoption ou le rejet des articles qui leur seront proposés.

L'existence terrestre et bornée de l'homme n'est pas la dernière expression des vues du Créateur. Supérieur au reste de la création, appelé à de plus hautes destinées, l'homme sent que la liberté est son apanage; il en réclame tous les priviléges. Aussi a-t-on dû lui laisser l'exercice de sa volonté entière dans tout ce qui lui est personnel; mais, comme le libre arbitre que Dieu lui a donné pour légitimer la récompense ou le châtiment qu'il lui réserve, peut également être pour lui le principe de bonnes ou de mauvaises actions, la société a dû, pour sa sûreté et pour celle de chacun de ses membres, prévenir les abus de cette même liberté, et la limiter au droit de faire tout ce qui ne peut porter préjudice aux droits d'autrui.

Participant de Dieu par sa nature, et se souvenant de sa haute origine, l'homme a senti que le bonheur matériel lui était insuffisant, et dans son

aspiration à d'autres jouissances. Être pensant, il
a voulu vivre de la vie intellectuelle, soit en com-
muniquant ses idées à ses semblables, soit en re-
cevant les leurs. Ce droit, mis en pratique par la
liberté de la presse, reconnu par les divers gouver-
nements qui se sont succédé depuis l'Empire, est
devenu imprescriptible. Mais il est nécessaire de
laisser toute leur force aux lois qui, sans entraver
cette liberté, ne servent qu'à en rectifier les écarts,
en sévissant contre eux. Il serait même à désirer
que, tout en assurant à chacun le droit de publier ses opinions et de commenter les actes du
gouvernement, elles pussent prévenir ces discussions indignes d'une nation civilisée, qui semblent
moins provoquées par l'amour du bien public,
que par le désir de déverser la haine et l'injure
sur un adversaire souvent honorable. Cette restriction serait même tout en faveur de la liberté de
la presse : car, combien d'écrivains judicieux et
éclairés s'abstiennent de publier leurs idées, souvent lumineuses, afin d'éviter une semblable polé-
mique! Nous n'ignorons pas que malheureusement
les passions des hommes empêcheront toujours
ces lois d'avoir une pareille efficacité.

Des libertés nouvelles ont été concédées à la nation. L'expérience apprendra si le nouveau système
électoral est entièrement salutaire et s'il ne pré-
sente pas quelques dangers. On aurait pu peut-être

désirer que cette extension de liberté fût plus opportune. C'est en raison d'une sage institution que l'on donne un guide à l'adolescent qui ne jouit point encore de toute la raison qu'il aura plus tard. Mais, puisque l'on a cru devoir élargir le mode électoral jusqu'au suffrage universel, il était désirable qu'on en fît la première application dans une circonstance mémorable où la France n'a point été consultée.

Après une révolution qu'elle n'avait pu désirer ni prévoir, la France a accepté de fait un gouvernement qui s'est établi de lui-même, au nom de la souveraineté nationale dont il a proclamé la toute-puissance. Il eût été juste, en même temps qu'il eût été heureux, que la France fût appelée à manifester sa volonté sur la forme du gouvernement établi pour elle. Par cet appel, on eût peut-être comblé cet abîme des révolutions qui menace de tout engloutir, et conjuré tant d'attaques qui ont ébranlé l'édifice social jusque dans ses bases; malheureusement, il n'en a pas été ainsi. Mais si des questions gouvernementales de la plus haute gravité venaient à être soulevées, et qu'il convînt à la France de faire entendre sa grande voix, et de la faire prévaloir pour la solution de ces questions, nous pensons que, en raison de cette souveraineté proclamée si haut, nul ne pourrait lui contester ce droit ; et que tous devraient s'incliner devant ses décisions et sa volonté souverainement manifestée.

Il nous reste à dire quelques mots sur la politique, cette science du gouvernement. Les nations ne sont pas destinées à l'isolement : pour l'avantage de toutes, des rapports ont dû s'établir entre elles. La politique consiste dans la direction à donner à ces rapports. Basés sur la morale, ils doivent être guidés par la loyauté, la plus grande de toutes les finesses ; dire qu'il faut que la France soit grande et heureuse, forte et respectée, serait une banalité. C'est le sentiment de tous les partis ; il est exprimé par toutes les bouches ; unanimes sur ces vœux, les idées diffèrent sur les moyens de les réaliser. La paix est le plus sûr de tous. La guerre, si sainte, quand elle n'est que défensive, est par elle-même, revêtue d'un autre caractère, le plus grand de tous les maux à éviter ; celui qui la prévient mérite la plus belle des couronnes que puisse décerner l'humanité. Quelques économistes la disent civilisatrice, d'autres la disent nécessaire, et entrant dans les vues de la Providence. C'est admettre que la terre est insuffisante à pourvoir aux besoins de tous les hommes qui foulent sa surface ; c'est injurier Dieu, et l'accuser d'imprévoyance, en niant qu'il ait su équilibrer son ouvrage.

Loin d'adopter une pareille erreur et de reconnaître ce fléau comme nécessaire, nous pensons que, si les hommes, plus ingénieux, peut-être, pour le mal qu'ils ne l'ont été pour le bien, avaient usé pour leur propre félicité de tout le génie et de tous les moyens matériels qu'ils ont employés pour la guerre, l'âge d'or serait presque réalisé.

Que la France fasse donc tout ce que permet son honneur bien compris pour conserver la paix; que la guerre ne soit pour elle qu'une résignation à ce que commanderaient des circonstances irrésistibles; qu'elle se souvienne quelquefois que l'égoïsme, si odieux dans un intérêt privé, est prudence et peut-être vertu appliqué à des intérêts généraux. Qu'elle ne cède pas aux instigations de ces hommes qui voudraient qu'elle allât prodiguer son sang et ses richesses pour appuyer l'erreur de chaque nation, que la folie démagogique entraîne à se révolter contre son gouvernement! L'expérience nous a trop appris que ces révolutions ne sont que l'œuvre de quelques anarchistes, qui se donnent pour le peuple entier qu'ils dominent et qu'ils oppriment en le conduisant à sa ruine.

Ces événements dont nous sommes témoins sont tous une cause d'alarmes pour les âmes hon-

nêtes; et entre autres sujets de regrets qu'ils sus-
citent, les malheurs du chef de l'Eglise, objet de
tant d'ingratitude, ne sont pas ceux qui en font
naître le moins. Ce serait avec une joie véritable
que les hommes sages verraient la France user de
toute son influence pour le réintégrer dans sa
puissance temporelle si nécessaire à l'indépen-
dance dans laquelle il doit être placé pour l'intérêt
de l'universalité chrétienne.

Nous le répétons : en écrivant ces pensées,
produit des réflexions qu'un travail manuel et
obligé ne nous a pas rendues impossibles, nous
croyons remplir un devoir imposé à tous les hommes honnêtes et amis de l'ordre social, celui de
faire connaître ce qu'ils ont dans l'esprit et dans
le cœur, surtout en présence des possibilités
de l'avenir, et comme opposition à ce déluge
d'écrits conçus et publiés dans une intention mau-
vaise.

Quant à nous, ces opinions que nous exposons
ici, nous pouvons dire que nous les avons toujours professées et nous les revendiquons, aussi
nous, comme étant *de la veille*. Partant de plus
haut, et sans doute mieux exprimées, elles seraient
susceptibles d'exercer plus d'influence, mais
nous ne pouvons élever la voix que de la place

modeste que nous occupons dans l'échelle sociale. C'est l'obole du pauvre; que la main qui l'offre fasse excuser son peu de valeur. Nous ne pouvons y ajouter que nos vœux pour que les partis qui divisent la France, abjurant tout sentiment d'inimitié et ramenés à l'unité de vues, ne rendent pas infructueux tant d'éléments de bonheur que la nature a prodigués à ce noble et beau pays. Mais ces vœux seront-ils exaucés?

GUSTAVE LONGUET.

www.ingramcontent.com/pod-product-compliance
Lightning Source LLC
Chambersburg PA
CBHW070749280326
41934CB00011B/2852